JALE A PATEAR HORTENSIAS

VERÓNICA JIMÉNEZ ARGUEDAS (San José, 1991)

Es, ante todo, lectora; amante de las referencias y los intertextos. Estudió periodismo y trabajó como periodista cultural por casi una década en diferentes medios nacionales e internacionales.

VERÓNICA JIMÉNEZ ARGUEDAS

JALE A PATEAR HORTENSIAS

Jiménez Arguedas, Verónica

Jale a patear hortensias / Verónica Jiménez Arguedas. -1ª ed. – San José: Encino Ediciones, 2023.

64 p.; 21x14 cm.

ISBN 978-9930-581-55-1

1. Poesía. 2. Literatura costarricense. I. Título.

San José, Costa Rica
encinoediciones@gmail.com

Portada: Pablo Fernando

ISBN 978-9930-581-55-1

Primera edición, 2023
Primera reimpresión, 2024
Segunda reimpresión, 2024 (Paginación modificada: 81 p.)

A Juancho y Gera,
la fuente del humor y la fuerza.

un verano sin ti
escribí un poema un día de estos sobre perrear

escribí
yo escribí
enunciativo
del acto de escribir

a los seis años anuncié que sería escritora
no sabía nada sobre industrias
ni accesos
ni argollas
ni inseguridades
ni la movida latinoamericana
pero había leído *Mujercitas*
y Anna Frank
y Julio Verne

Dime dónde dejo el résumé, résumé

escribí un poema
un poema
un-po-e-ma
perdón, tenía que repetirlo
una vez fui a un festival
y la gente leía poesía con sus boinas y bufandas
y después se daban palmaditas en la espalda
y se recomendaban unos a otros sus poesías
y se mencionaban unos a otros en sus poemas
y después tomaban vino cortesía de inserte su patrocinador
y dije wow
odio la poesía

Ho-oy quiere fluir, cansa' de pensar-a

escribí un poema un día de estos
un día de estos
no hace unos años
no cuando estaba en la Universidad

no cuando trabajaba escribiendo
no cuando me quedaba el futuro por delante
un día de estos
ayer o antier
no importa
un día de estos

Tienes la disco de museo ma'
tú ere' arte

escribí un poema un día de estos sobre perrear
perrear
sentí un pene por primera vez a los 14
bailando con Don y Daddy y la W con Yandel
me levantaba la enagua cuando Residente decía

arriba ma' alta

y ahí a Verne y Alcott y Frank no les llegó la
invitación

pero Caccios tenía un sticker que decía
'prohibido el reggaetón'
y yo con mi camisa de banda local de hardcore
y mis libros de Sábato en el bolso
me tomaba un Olafo disfrutando de todas esas
neuronas que estaba salvando

Una bad bitch, girl de lo' 90

pero viste cómo se fue a la mierda la economía
y la fe en el periodismo
y viste lo machitos que fueron Cortázar y sus
amigos
y qué puta pereza con La Maga
porque yo no quiero ser musa
pero tampoco quiero ser Yolanda Oreamuno
y que me recuerden solo por preciosa con una
novela maravillosa

Mami, tu quieres perreo

si alguien me quiere preguntar
quiero escribir poemas sobre perreo
y si me quedan ganas
sobre ser triste
pero sobre todo
si alguien quiere saberlo
quiero llegar a poder escribir
me siento como el sol, ey, cuando te pones sunblock

*Este poema contiene frases del disco 'Un verano sin ti' del poeta latinoamericano Benito Antonio Martínez Ocasio, mejor conocido como Bad Bunny.

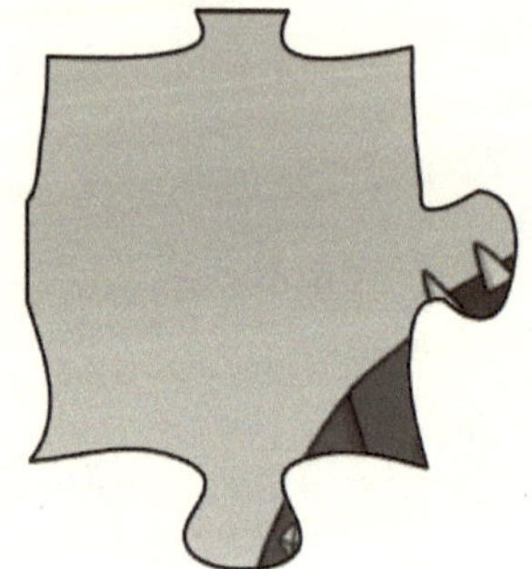

cantonés

Cada vez que mi abuelo moría nos pedía que
fuéramos a comer cantonés.
Esta vez sí me voy, nos decía, vamos a comer.
Y no se iba.

Le prohibieron trabajar, por aquello.
Le quitaron la sal, por aquello.
Le cambiaron unas arterias por otras, por aquello.
Y no se iba.

Por lo menos comer cantonés
era más divertido que lo otro:
firmar testamentos,
burlar listas de espera, comprender operaciones,
valorar riesgos, despedirse sin decir adiós.

Así, durante 20 años, comimos cantonés todos
juntos, muchas veces.

Un día decidió que se sentía muy mal y tomó una ambulancia.

Me enojé. Era el cumpleaños de mi abuela.

Me enojé porque ese día el menú ni siquiera contemplaba cantonés.

psycho

cuando los niños matan gatitos inmediatamente
se ganan un puesto en un episodio de Mentes
Criminales
o de película de horror clásica sobre hombres
disfuncionales que aman demasiado a sus mamás
o en series sobre casas malévolas que atrapan
familias tradicionales de bien
de cualquier forma, la causalidad es clara

mi objeto de odio psicópata son las hortensias
y esta es mi opinión más controversial

las detesto por su redondez aburrida
y sus colores pastel
y su forma de coliflor antes de hervir
esos patrones que se repiten de bola a bola
de florcita en florcita

y por ser tan bajitas
y tan buenas y obedientes
y tener esos pétalos diminutos y débiles

ahí andan todas católicas
adornando las casitas de madera con cercas blancas
a los lados de los caminos que llevan a las praderitas

odio que cada vez que alguien las ve
exclama
'ay pero qué belleza'
'qué sueño ese jardín'

se me acumula más el odio
por todo lo que es bueno
todo lo que es tradicional
todo lo que es incorruptible
lo santificado
idealista, bucólico, impuesto

un día lo dije públicamente al fin
'quiero ir a patear hortensias'

y entre risas me condenaron
pero por ocurrente

y mucha risa jájá
pero no sé, me quedo pensando
¿qué me habrá pasado para odiar tanto un repollo
hecho flor?

lucky

cuando salió Random Access Memories
los chicos la ponían a todo volumen en el cuarto
en la segunda canción ya empezaba a oler a
mariguana

bailábamos Get Lucky en las madrugadas
éramos un videoclip
al tipo de cambio de hoy, un trend de Tik Tok
una vida glamurizada

We're up all night for good fun
We're up all night for good fun
We're up all night for good fun
We're up all night for good fun

éramos un cliché
éramos un recuerdo en andamiaje

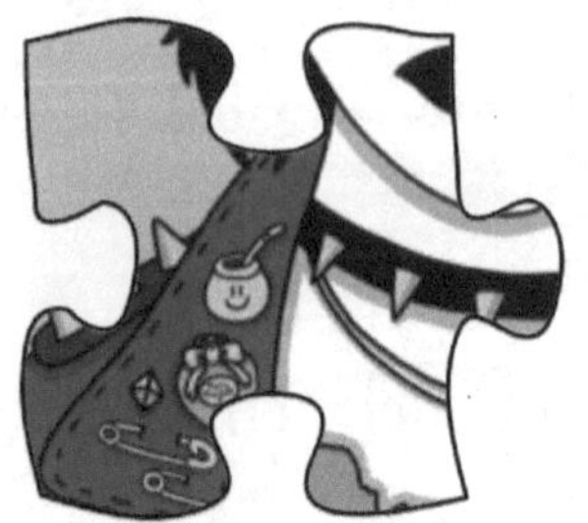

#casasconalma

Siempre pensé que mi casa era mía. Solo mía. Viví ahí desde los 6 meses hasta los 25 años y siempre fue mía. De papi, y mami, y Mandi y Luki también, pero en mi cabeza era esencialmente mía.

Hace unos días pasó un señor. Tocó el timbre y pidió ver la casa. Que dizque la casa también era de él, decía.

Parece que la historia es que la casa la construyó el papá del señor, hace como 40 años. Y que ahí el señor pasó unos años de felicidad cuando era niño. Hasta que los años de felicidad se acabaron y un día el Banco llegó y les quitó la casa.

Y después, mis papás la compraron.

El señor le mandó fotos a mi papá. Las fotos son como en 1980 y se ve la casa con una cerquita blanca de madera y unos árboles de ciprés en la entrada.

Mi casa nunca ha tenido cercas de madera ni árboles de ciprés.

La foto que más me impactó es una donde hay una mamá y un papá y un niño acostados en sábanas en el zacate del jardín delantero. Están cagados de risa disfrutando una tarde soleada que me atrevo a decir que es en diciembre.

Se ven felices en esa foto. Se ven las jardineras y la ventana de mi cuarto de infancia, pero esa casa no es mía. Esa felicidad no es mía.

Y ahora, esa familia existe en esta casa.

promoción de pollo

caminamos por el Mercado Central
esta vez la traje yo
en mi carro
yo puse waze
yo pagué el parqueo

pero cuando pasamos frente a KFC
ella invitó el pollo

me devolví a los 5 años
cuando le decía
abuela, me orino
justo al frente del McDonalds
porque no hay más baños en la plaza de la cultura
solo ese
de McDonalds
un baño agrandado con papitas coca cola y juguete

vinimos a un mall pero de repuestos

aquí puedo comprar la tuerca
y arreglar mi lavadora
hay mucha emoción porque vemos muchas ollas
y le digo mirá abuela que útil esta olla

le guardé la billetera en mi bolso
porque uno nunca sabe
porque el cuidado no sobra

abuela me enseñó
a quitarme las argollas para ir a San José
desconfiar de todo
poner cara de mala mientras camino
ir solo en la mañana
evitar la delincuencia vespertina

por eso yo no puedo ir sola al mall de repuestos
ni sé en qué cuadra tenemos que doblar
tengo que poner Waze
y usar un cangurito con el zipper por delante

pero es miércoles
dice mi abuela que los miércoles hay promoción de pollo
eso también lo aprendí hoy

dermatilomanía

la piel tiende a ponerse tiesa
se defiende de la violencia que sufre
forma pellejos más gruesos
suplica que no la arranquen

la piel tiende a ponerse resiliente
vuelve a formar capas de dermis
con colores distintos
para que nunca pueda olvidar lo que le hice

la piel tiende a ponerse deliciosa
levanta un pequeñísimo trozo
imposible de ignorar
afloja la cutícula de manera sutil
libera la cantidad exacta de dolor

cada nuevo ciclo de fuerza de voluntad
genera una nueva piel
sana, sin sangre, honorable
un nuevo lienzo para la violencia

crítica literaria

soy incapaz de calificar la poesía
si una estrella
o cinco estrellas
que si entendí
que tal vez no es para mí

soy capaz de histrionizar la poesía
la nariz arrugada y los dientes apretados
el ceño fruncido
una vez perdida una sonrisa de medio lado
y muchas veces
las arcadas

crítica literaria 2

a veces me pregunto por qué nunca leí poesía
me pregunto no
me reclamo

cómo puede ser posible
qué atrasada vas
no podés sostener una conversación

—porque la conversación es poesía
y la poesía es conversación—

(jaja)

entonces
leo poesía
como dice Chencho Corleone
yo me porto bonito

leo
sobre aviones con mujeres empacadas al vacío
mujeres feas en los bancos
mujeres que no aman a los poetas

marco
los poemas en donde las mujeres dolorosas no aparecemos
los poemas en los que no hay una mujer escrita por un hombre
son tres

vapalapicha
como dice Ron Padgett
leé libros geniales
(¿Ron Padgett leía poesía?)

crítica literaria 3

Frank O' Hara escribió un poema
sobre caca
sobre una explosión de caca
prosigamos con la poesía

corrección de estilo
dice Mónica
la obesidad se hace normal
a cuidar la salud
esto me recuerda
la película Wall-E

te ayudo
Mónica
para que podás decir lo que querés decir

por las calles camina
un ser obeso
como si fuera normal
como si fuera moral
y yo le grito
¡a cuidar la salud!
pero sigue caminando
con sus piecitos rechonchos
con su cuerpo sin forma

me recuerda los gordos
que acabaron con el planeta
los que me dan asco
en aquella película familiar de un robotcito
llamado Wall-E

dice Hugo
romantizar a la gordura mórbida
es tan dañino
como burlarse de ella
es simplemente un mal
del mal nada bueno puede salir

te ayudo
Hugo
a que tu poema alcance esferas artísticas

a mi alrededor veo flores
mágicos destellos de un mundo ideal
en este mundo romántico

el mundo que hemos construido con esfuerzo
no hay gordos
no existen
el romanticismo no les queda
pero siempre hay un mal
uno que repta por debajo de los arbustos
un mal que nos busca
y por eso no nos burlamos
de los gordos que quieren ser románticos
para que ese mal se quede ahí
escondidito, calladito
como yo quiero
como yo lo imagino

dice Luis
bella eres
negra hermosa
pero la OBESIDAD
te la vas a cobrar con el tiempo
la salud es lo primero

te ayudo Luis
a conquistar a una obesa

bella eres
negra hermosa
puedo sexualizarte de las maneras más viles
esta noche
decir por ejemplo,
me gusta cuando mueves el culo
encima de mi pene
me gusta cuando muestras tus caderas
en lencería roja
bella eres
negra hermosa
puedo también decirte
la diabetes tipo 2 te va a dar glaucoma
e imagino con pasión tus venas henchidas de colesterol
mi obsesión
es tu belleza

negra hermosa
y el ataúd que te contiene
en mis fantasías de salud

a veces la gente no sabe escribir poesía
pero son poetas

*Los comentarios gordofóbicos que sirven de musa a este poema fueron extraídos de una publicación de Facebook destacando el gane de Lizzo, artista negra y gorda, en los Premios Emmy 2022.

servicio de lavandería

es que para qué escribir poesía
si ya Shakira lo dijo todo

Y que se muera hoy hasta el último poeta
Y que me quede aquí, después del ocaso
para siempre tu melancolía

para siempre
tu melancolía
poeta

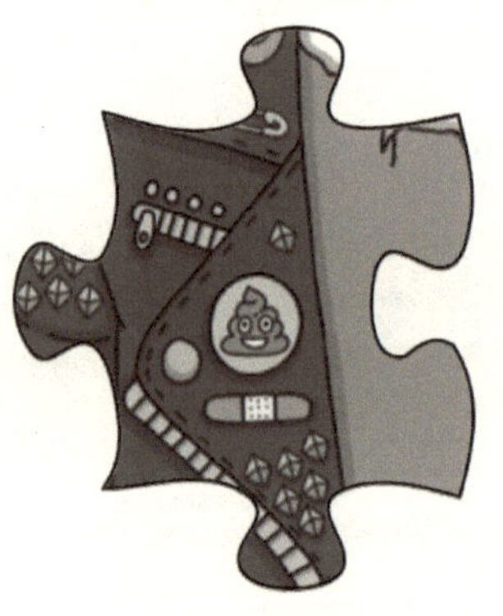

a quien corresponda

me encuentro,
constantemente,
llorando las tristezas del futuro.

no los sucesos en sí

la muerte de mi perro
de mi papá
de mi mamá
de mis amigos
la ruptura con mi pareja
la enfermedad

sino la tristeza que provocan

la falta de apetito
las pocas ganas de leer
el dolor de panza
las lágrimas que se salen en la presa de las 5

la falta de aire
las palabras de aliento que solo generan peso

quisiera argumentar, entonces
a través de estos textos
un estimados señores
por medio de la presente
solicito formalmente

me eximan de las tristezas del futuro
porque yo ya las lloré
gané el examen por suficiencia
y ya nadie quiere *spoilers*

pollypocket

Todo el tiempo me pregunto si realmente pasó.

Es que es muy pequeño.

Un uñero en el dedo a punto de rasgarse.

La cicatriz de un granito que arranqué con violencia.

El rastro del hielo seco en mi nudillo.

Un tatuaje que no termina de cicatrizar.

Un audio de whatsapp.

Imperceptible.

Microscópico.

Minimalista.

Un like.

un poema sobre una vida

/en la que/

no resoplo cada vez que me llega una encuesta de egresada
soy ponente
escribo artículos
hago estados de la cuestión
redacto *abstracts*
los presento en un miniauditorio
y alguien,
más que una pregunta, hace un comentario

/en la que/

el fin de semana,
estoy en un lugar superfrío
rodeada de hortensias
  y soy yo quien toma la foto
    y soy yo la que discute sobre periodismo
      y soy yo la que quiere cambiar el mundo

/en la que/

reviso instagram cada 3 semanas
y felicito a todos mis conocidos por Facebook
en su cumpleaños
colaboro con proyectos comunitarios
y San Pedro se convierte en la capital de mi
vida

/en la que/

soy parte de un medio regional
me gano la beca Gabriel García Márquez
busco historias
desarrollo el olfato que decía mi profe de
primer año
mi nombre queda plasmado en tinta

/en la que/

sí subo montañas
hasta tengo zapatos de trekking
escribo crónica

/en la que/
puedo cagar en cualquier parte

rumours

le mandé una foto del libro que estoy leyendo
que dice que hay gente
con la que uno sigue creando magia
aún cuando el amor se acaba

está hablando de Fleetwood Mac
de los dramas en los 70s
de crear un disco genial en medio de peleas
del amor en medio de líneas de coca

pero yo creo que habla sobre mí
y por eso le escribo a mi exnovio

pero no se preocupen
siempre lo hago

ensalada de papa con huevo

vi un video de una poeta y me enojé
estaba comiendo arroz con ensalada de papa y huevo duro
yo, no ella

ella estaba siendo poeta
con su sonoridad, su profundidad, sus ideas geniales
y las manitas que se mueven de cierta manera al declamar
y me enojé mucho

porque yo no quiero hacer eso
porque yo nunca voy a poder hacer eso

¿cuántas ideas geniales se pueden tener comiendo papa con huevo duro?

buen día

mis tetas tienen forma de sol
quisiera que eso fuera una licencia poética
pero tienen forma de sol
de esos soles que uno dibujaba con el paisaje y la casita
pezones llenos de piquitos alrededor de una circunferencia

así

mis pezones no están donde nacieron
hace unos años una doctora que salía en Buen Día
los recortó
y los pegó más arriba

sobre menos tejido,
sobre menos carne,
sobre menos grasa
sobre menos peso,
sobre menos teta

por eso mis pezones de sol no usan brassieres
las cicatrices son tan grandes y tan profundas
que no creo que aguanten una varilla

a veces me dan miedo mis tetas
puede que escondan un cáncer
que revienten la herida
que se me salgan los intestinos por la cicatriz

una vez un doctor
me dijo que no le gustaban mis tetas
que la doctora de la tele había recortado mal los pezones
que qué vergüenza

yo eso ya lo sé
mis tetas están en un videoclip
y si lo ponés en 4K
podés ver mis pezones de sol
mis cicatrices moradas
y los puntos abiertos

tamaleado

se me rompió un huesito
hace 7 años
que hace que camine con miedo
y que no use bien mis piecitos

dice la mae de fisioterapia
que camino tamaleado
y que no tengo flexibilidad en los deditos
por eso,
lo del miedo

dice mi novio
de hace 6 años
que siempre le ha dado risa como camino
como un bebé que apenas aprende

dice mi mamá
que chiquitita tenía el pie plano
pero en Chupis me lo arreglaron

me dejaron demasiada curva
se cagaron en todo

ahora no puedo dejar de ver a la gente caminar
o sea,
a la gente que no camina tamaleado
la gente que no es bebé
la que no tiene demasiada curva

a ver si ponen talón
a ver si ponen punta
a ver si balancean el peso
a ver si parecen bailarinas de ballet
a ver si no tienen el huesito quebrado
a ver si caminan sin miedo

playlist

En el fin, no vas a tener una canción en mi playlist.

Ni un punkcito, ni un himno metal, ni una balada latinoamericana.

Para vos no habrá emo, ni divas pop ni sad reggaetón.

No tenés campo en mi Spotify.

En el fin, lo que quisiera guardar en mis me gusta es este bailecito.

El headbanging y los aplausos rítmicos y los puños haciendo círculos en el aire.

La vez que descifraste el beat de Daft Punk sin escucharlo.

Las coreografías en el carro, perfectamente alineadas con el punkcito, el metal y el sad reggaetón.

En el fin, cuando llegue, si es que llega, tu playlist va a ser el más divertido.

qué hago si me mata la melancolía

Para Sara María y Sergio Claudio

cuando pienso en melancolía
pienso en el meme de la pintura de la muchacha
que está en una cama
con pestilencia o lepra o fiebre escarlata

cansancio total
de un cuerpo que lucha
hasta el último aliento de vida
de una vida que hasta hace poco se extinguió

jué
el Museo de Bellas Artes de Francia escribió un
poema
pero creo que más bien escribió un vallenato
o un himno *screamo* de la era de oro en los 2000

esa muchacha de la pintura sublime
a mí me parece que murió de tristeza
pero no de cualquier tristeza

la melancolía trata sobre la nada
sobre sufrir porque se quiere
de disfrutar un dolor pequeñito
y sentirlo hasta el final

como cuando voy hasta Colombia con el propósito
exclusivo de ser feliz abriendo espacio a la tristeza
a debatirla, comentarla, mezclarla con recuerdos y
hacerla collage
pero después lloro por meses cuando el Binomio
de Oro de América dice
tengo herido el corazón y me sangra la canción

como cuando vuelvo a abrir la bolsa de yerba
de la que no tengo dudas de su vencimiento
y le paso un trapito al mate
y lo tomo con azúcar, porque siempre fui
extranjera
y lo veo con claridad
la tristeza de las despedidas
la felicidad de las nuevas vidas

es como cuando yo me arranco la piel de los dedos
hasta que sangran
me borro mi propia huella dactilar
y siento rico
y siento triste
y la tristeza se queda más rato que lo rico

tal vez mi única forma de experimentar felicidad
es haciéndole campito a la tristeza que viene
después

escriban eso en mi tumba
en mi pintura en el lecho de mi muerte
háganme meme

*El título pertenece a la canción "Me mata la melancolía" de Los Gigantes del Vallenato

*La pintura forma parte de la colección permanente del Museo de Bellas Artes de Francia y se llama *Young woman on her death bed*

lavando platos

voy a iniciar una serie de chichas
por ejemplo, la de hoy
cuando estaba usando el axión verde
no el de avena que me gusta, sino el verde
para sacarle un restante de pinto a un sartén

y me dio mucha chicha
tener todas estas ideas en la cabeza y no poder escupirlas
o escupirlas
y que sean esto

¿han visto cuando uno hace huevo picado y se queda pegadita una tela casi transparente en el sartén?
una membrana de huevillllo
que no es omelette, y no es tortilla española y no es huevo pochado
es un restante de huevillo pateado

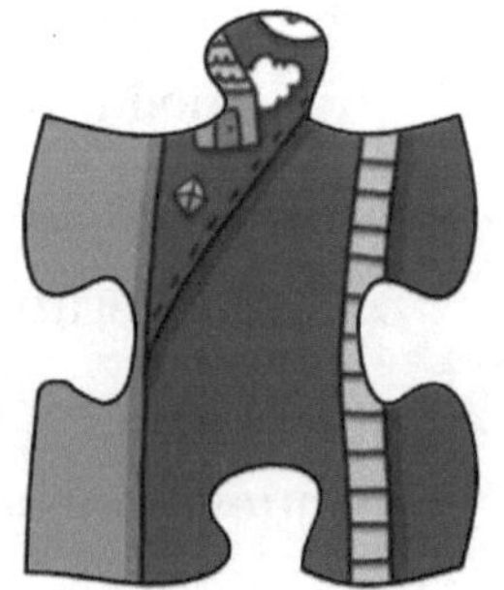

31

cada año su fiesta se pone más ecléctica
lo dijo Ana
no yo

yo dije
son los personajes nuevos de cada temporada

en una temporada
la que tuvo presupuesto
había un novio extranjero
y una fiesta con pisco
y un invierno muy frío

en otra temporada
hubo un perritobebé
y unas enfermedades de perritobebé
y una familia de visita

en otra temporada
había una pandemia
y unos zooms
y no alcanzó para más personajes

en esta temporada
espero que entre el presupuesto
espero que contraten más personajes
que la protagonista aprenda a manejar los colochos
y sobre todo, que lleguen rápido los 32
qué pereza los números impares

los hombres leen cosas

tal vez si escribo esto en forma de poema
los hombres que leen
presten atención

por lo general,
no nos gusta que nos digan hermanas
ni colegas, ni camaradas, ni compañeras
si cualquiera de esos adjetivos los eligen
para apalear el dolor
de reconocernos como iguales

por lo general,
a quienes no somos hombres nos gusta escribir muchas cosas
también nos gusta leer muchas cosas
y tratamos de no prestar atención al dictamen de los hombres que leen
y tratamos de seguir escribiendo muchas cosas
y tratamos de seguir leyendo muchas cosas

lo que sí nos importa
nos importa muchísimo
es que por lo general,
los hombres que leen
son los hombres que escriben
son los hombres que publican
son los hombres que venden
son los hombres que deciden
son los hombres que escogen las cervezas
son los hombres que dictaminan las reglas de la fiesta

novenario

entonces pasó un año
llegó junio
y lo único que recuerdo es el olor de las alitas barbiquiú
y el té frío regado en la alfombra del carro

todos los días

como un novenario mudo
pero con pollo

un día escribí algo
incoherente
gracioso
lloroso

como para trascender el lenguaje
cuidar que no se haga moho en el recuerdo
como a modo de homenaje

de perdón
de base fundacional invisible

PUNK

índice

San José, Costa Rica
encinoediciones@gmail.com

Las tipografías utilizadas en este libro fueron creadas por Jorge de Buen Unna (México, 1959. Diseñador gráfico, licenciado en Ciencias de la Comunicación. Maestro en las carreras de Diseño Gráfico y Ciencias de la Comunicación en la Universidad Anáhuac).

Caliente (para los exteriores), fue diseñada para exhibir un diseño muy compacto y caracterizado, claramente distinguible de las fuentes sans-serif condensadas convencionales. Tiene una modulación conspicua y un contraste de medio a alto. Ambas características rara vez se observan entre las fuentes ordinarias de su tipo. Conserva su fuerte personalidad incluso en tamaños muy pequeños.

Unna (para los interiores), es una letra amable, cuyo carácter se expresa a través de suaves remates así como un intenso contraste, ocasionando la típica textura vertical de las fuentes neoclásicas. ***Unna*** es el apellido de la madre del diseñador.

www.ingramcontent.com/pod-product-compliance
Lightning Source LLC
LaVergne TN
LVHW041231150826
845673LV00008B/2348

* 9 7 8 9 9 3 0 5 8 1 5 5 1 *